사랑을 담아 ______________ 에게 드립니다.

약속 말씀

감사의 말씀을 만나다

내가 노래로 하나님의 이름을 찬송하며
감사함으로 하나님을 위대하시다 하리니
이것이 소 곧 뿔과 굽이 있는
황소를 드림보다 여호와를 더욱
기쁘시게 함이 될 것이라

시편 69편 30-31절

여호와께서는 모든 것을 선대하시며
그 지으신 모든 것에 긍휼을 베푸시는도다
여호와여 주께서 지으신 모든 것들이
주께 감사하며
주의 성도들이 주를 송축하리이다

시편 145편 9-10절

하나님께서 지으신
모든 것이 선하매
감사함으로 받으면 버릴 것이 없나니
하나님의 말씀과 기도로
거룩하여짐이라

디모데전서 4장 4-5절

주를 찾는 모든 자들이
주로 말미암아 기뻐하고
즐거워하게 하시며
주의 구원을 사랑하는 자들이
항상 말하기를
하나님은 위대하시다 하게 하소서

시편 70편 4절

우리로 하여금 빛 가운데서
성도의 기업의 부분을 얻기에
합당하게 하신 아버지께
감사하게 하시기를 원하노라

골로새서 1장 12절

여호와여 주께서 하신 일이
어찌 그리 많은지요
주께서 지혜로 그들을 다 지으셨으니
주께서 지으신 것들이
땅에 가득하니이다

시편 104편 24절

위의 것을 생각하고
땅의 것을 생각하지 말라
이는 너희가 죽었고
너희 생명이 그리스도와 함께
하나님 안에 감추어졌음이라
우리 생명이신 그리스도께서
나타나실 그때에 너희도 그와 함께
영광 중에 나타나리라

골로새서 3장 2-4절

여호와 앞에 잠잠하고 참고 기다리라
자기 길이 형통하며
악한 꾀를 이루는 자 때문에
불평하지 말지어다
분을 그치고 노를 버리며 불평하지 말라
오히려 악을 만들 뿐이라

시편 37편 7-8절

아무것도 염려하지 말고
다만 모든 일에 기도와 간구로,
너희 구할 것을 감사함으로
하나님께 아뢰라
그리하면 모든 지각에 뛰어난
하나님의 평강이 그리스도 예수 안에서
너희 마음과 생각을 지키시리라

빌립보서 4장 6-7절

여호와께서 환난 날에 나를
그의 초막 속에 비밀히 지키시고
그의 장막 은밀한 곳에 나를 숨기시며
높은 바위 위에 두시리로다
이제 내 머리가 나를 둘러싼
내 원수 위에 들리리니
내가 그의 장막에서
즐거운 제사를 드리겠고
노래하며 여호와를 찬송하리로다

시편 27편 5-6절

우리가 하나님과 함께 일하는 자로서
너희를 권하노니
하나님의 은혜를 헛되이 받지 말라
이르시되 내가 은혜 베풀 때에
너에게 듣고 구원의 날에
너를 도왔다 하셨으니
보라 지금은 은혜 받을 만한 때요
보라 지금은 구원의 날이로다

고린도후서 6장 1-2절

감사로 제사를 드리는 자가
나를 영화롭게 하나니
그의 행위를 옳게 하는 자에게
내가 하나님의 구원을 보이리라

시편 50편 23절

내가 주의 의로운 규례들로 말미암아
밤중에 일어나 주께 감사하리이다

시편 119편 62절

주께서 택하시고 가까이 오게 하사
주의 뜰에 살게 하신 사람은
복이 있나이다
우리가 주의 집 곧 주의 성전의
아름다움으로 만족하리이다

시편 65편 4절

이스라엘을 그들 중에서
인도하여 내신 이에게 감사하라
그 인자하심이 영원함이로다
강한 손과 펴신 팔로 인도하여 내신
이에게 감사하라
그 인자하심이 영원함이로다

시편 136편 11-12절

우리가 세상에 아무것도
가지고 온 것이 없으매
또한 아무것도 가지고 가지 못하리니
우리가 먹을 것과 입을 것이 있은즉
족한 줄로 알 것이니라

디모데전서 6장 7-8절

하나님이여
내가 주께 서원함이 있사온즉
내가 감사제를 주께 드리리니
주께서 내 생명을 사망에서 건지셨음이라
주께서 나로 하나님 앞,
생명의 빛에 다니게 하시려고
실족하지 아니하게 하지 아니하셨나이까

시편 56편 12-13절

그날에 너희가 또 말하기를
여호와께 감사하라
그의 이름을 부르며 그의 행하심을
만국 중에 선포하며
그의 이름이 높다 하라
여호와를 찬송할 것은
극히 아름다운 일을 하셨음이니
이를 온 땅에 알게 할지어다

이사야 12장 4-5절

주께서 나의 슬픔이 변하여
내게 춤이 되게 하시며
나의 베옷을 벗기고
기쁨으로 띠 띠우셨나이다
이는 잠잠하지 아니하고
내 영광으로 주를 찬송하게 하심이니
여호와 나의 하나님이여
내가 주께 영원히 감사하리이다

시편 30편 11-12절

지존자여 십현금과 비파와 수금으로
여호와께 감사하며
주의 이름을 찬양하고
아침마다 주의 인자하심을 알리며
밤마다 주의 성실하심을
베풂이 좋으니이다

시편 92편 1-3절

모든 지킬 만한 것 중에
더욱 네 마음을 지키라
생명의 근원이 이에서 남이니라
구부러진 말을 네 입에서 버리며
비뚤어진 말을 네 입술에서 멀리하라

잠언 4장 23-24절

기도를 계속하고
기도에 감사함으로 깨어 있으라

골로새서 4장 2절

감사함으로 그의 문에 들어가며
찬송함으로 그의 궁정에 들어가서
그에게 감사하며
그의 이름을 송축할지어다

시편 100편 4절

내가 전심으로 여호와께 감사하오며
주의 모든 기이한 일들을 전하리이다
내가 주를 기뻐하고 즐거워하며
지존하신 주의 이름을 찬송하리니
내 원수들이 물러갈 때에
주 앞에서 넘어져 망함이니이다

시편 9편 1-3절

시와 찬송과 신령한 노래들로
서로 화답하며
너희의 마음으로 주께 노래하며
찬송하며 범사에 우리 주
예수 그리스도의 이름으로
항상 아버지 하나님께 감사하며
그리스도를 경외함으로 피차 복종하라

에베소서 5장 19-21절

나는 의로운 중에 주의 얼굴을 뵈오리니
깰 때에 주의 형상으로 만족하리이다

시편 17편 15절

홀로 큰 기이한 일들을
행하시는 이에게 감사하라
그 인자하심이 영원함이로다

시편 136편 4절

시온의 딸아 노래할지어다
이스라엘아 기쁘게 부를지어다
예루살렘 딸아 전심으로 기뻐하며
즐거워할지어다
여호와가 네 형벌을 제거하였고
네 원수를 쫓아냈으며
이스라엘 왕 여호와가 네 가운데 계시니
네가 다시는 화를 당할까
두려워하지 아니할 것이라

스바냐 3장 14-15절

누가 누구에게 불만이 있거든
서로 용납하여 피차 용서하되
주께서 너희를 용서하신 것같이
너희도 그리하고
이 모든 것 위에 사랑을 더하라
이는 온전하게 매는 띠니라

골로새서 3장 13-14절

그리스도의 평강이
너희 마음을 주장하게 하라
너희는 평강을 위하여
한 몸으로 부르심을 받았나니
너희는 또한 감사하는 자가 되라

골로새서 3장 15절

너희가 모든 일에 넉넉하여 너그럽게
연보를 함은 그들이 우리로 말미암아
하나님께 감사하게 하는 것이라
이 봉사의 직무가 성도들의
부족한 것을 보충할 뿐 아니라
사람들이 하나님께 드리는
많은 감사로 말미암아 넘쳤느니라

고린도후서 9장 11-12절

우리를 비천한 가운데에서도
기억해 주신 이에게 감사하라
그 인자하심이 영원함이로다
우리를 우리의 대적에게서
건지신 이에게 감사하라
그 인자하심이 영원함이로다

시편 136편 23-24절

모든 육체에게 먹을 것을 주신 이에게
감사하라 그 인자하심이 영원함이로다
하늘의 하나님께 감사하라
그 인자하심이 영원함이로다

시편 136편 25-26절

우주와 그 가운데 있는 만물을 지으신
하나님께서는 천지의 주재시니
손으로 지은 전에 계시지 아니하시고
또 무엇이 부족한 것처럼
사람의 손으로 섬김을 받으시는
것이 아니니 이는 만민에게 생명과
호흡과 만물을 친히 주시는 이심이라

사도행전 17장 24-25절

사람이 감당할 시험밖에는
너희가 당한 것이 없나니
오직 하나님은 미쁘사
너희가 감당하지 못할 시험 당함을
허락하지 아니하시고
시험 당할 즈음에 또한 피할 길을 내사
너희로 능히 감당하게 하시느니라

고린도전서 10장 13절

항상 우리를 그리스도 안에서
이기게 하시고 우리로 말미암아
각처에서 그리스도를 아는 냄새를
나타내시는 하나님께 감사하노라

고린도후서 2장 14절

하나님께 감사하리로다
너희가 본래 죄의 종이더니
너희에게 전하여 준 바 교훈의 본을
마음으로 순종하여 죄로부터
해방되어 의에게 종이 되었느니라

로마서 6장 17-18절

내가 주께 감사하옴은
나를 지으심이 심히 기묘하심이라
주께서 하시는 일이 기이함을
내 영혼이 잘 아나이다

시편 139편 14절

우리가 알거니와 하나님을 사랑하는 자
곧 그 뜻대로 부르심을 입은 자들에게는
모든 것이 합력하여 선을 이루느니라

로마서 8장 28절

주 예수를 다시 살리신 이가
예수와 함께 우리도 다시 살리사
너희와 함께 그 앞에
서게 하실 줄을 아노라
이는 모든 것이 너희를 위함이니
많은 사람의 감사로 말미암아
은혜가 더하여 넘쳐서
하나님께 영광을 돌리게 하려 함이라

고린도후서 4장 14-15절

그러나 나는 하나님의 집에 있는
푸른 감람나무 같음이여
하나님의 인자하심을
영원히 의지하리로다
주께서 이를 행하셨으므로
내가 영원히 주께 감사하고
주의 이름이 선하시므로
주의 성도 앞에서
내가 주의 이름을 사모하리이다

시편 52편 8-9절

말할 수 없는 그의 은사로 말미암아
하나님께 감사하노라

고린도후서 9장 15절

음행과 온갖 더러운 것과 탐욕은
너희 중에서 그 이름조차도 부르지 말라
이는 성도에게 마땅한 바니라
누추함과 어리석은 말이나
희롱의 말이 마땅치 아니하니
오히려 감사하는 말을 하라

에베소서 5장 3-4절

여호와의 인자하심과
인생에게 행하신 기적으로 말미암아
그를 찬송할지로다
그가 사모하는 영혼에게 만족을 주시며
주린 영혼에게 좋은 것으로
채워 주심이로다

시편 107편 8-9절

오라 우리가 여호와께 노래하며
우리의 구원의 반석을 향하여
즐거이 외치자
우리가 감사함으로 그 앞에 나아가며
시를 지어 즐거이 그를 노래하자
여호와는 크신 하나님이시요
모든 신들보다 크신
왕이시기 때문이로다

시편 95편 1-3절

그러므로 너희가 그리스도 예수를
주로 받았으니 그 안에서 행하되
그 안에 뿌리를 박으며 세움을 받아
교훈을 받은 대로 믿음에 굳게 서서
감사함을 넘치게 하라

골로새서 2장 6-7절

아침에 주의 인자하심이
우리를 만족하게 하사
우리를 일생 동안 즐겁고 기쁘게 하소서

시편 90편 14절

나팔 부는 자와 노래하는 자들이
일제히 소리를 내어 여호와를 찬송하며
감사하는데 나팔 불고 제금 치고
모든 악기를 울리며
소리를 높여 여호와를 찬송하여 이르되
선하시도다 그의 자비하심이
영원히 있도다 하매
그때에 여호와의 전에
구름이 가득한지라

역대하 5장 13절

너희 성도들아 여호와를 경외하라
그를 경외하는 자에게는
부족함이 없도다
젊은 사자는 궁핍하여 주릴지라도
여호와를 찾는 자는
모든 좋은 것에 부족함이 없으리로다

시편 34편 9-10절

내 영혼아 네가 어찌하여 낙심하며
어찌하여 내 속에서 불안해하는가
너는 하나님께 소망을 두라
그가 나타나 도우심으로 말미암아
내가 여전히 찬송하리로다

시편 42편 5절

오직 주께서 우리를 우리 원수들에게서
구원하시고 우리를 미워하는 자로
수치를 당하게 하셨나이다
우리가 종일 하나님을 자랑하였나이다
우리는 하나님의 이름에
영원히 감사하리이다

시편 44편 7-8절

그리스도의 말씀이
너희 속에 풍성히 거하여
모든 지혜로 피차 가르치며 권면하고
시와 찬송과 신령한 노래를 부르며
감사하는 마음으로 하나님을 찬양하고
또 무엇을 하든지 말에나 일에나
다 주 예수의 이름으로 하고
그를 힘입어 하나님 아버지께 감사하라

골로새서 3장 16-17절

비록 무화과나무가 무성하지 못하며
포도나무에 열매가 없으며
감람나무에 소출이 없으며
밭에 먹을 것이 없으며
우리에 양이 없으며
외양간에 소가 없을지라도
나는 여호와로 말미암아 즐거워하며
나의 구원의 하나님으로 말미암아
기뻐하리로다

하박국 3장 17-18절

그러므로 염려하여 이르기를
무엇을 먹을까 무엇을 마실까
무엇을 입을까 하지 말라
이는 다 이방인들이 구하는 것이라
너희 하늘 아버지께서 이 모든 것이
너희에게 있어야 할 줄을 아시느니라

마태복음 6장 31-32절

내가 입으로 여호와께 크게 감사하며
많은 사람 중에서 찬송하리니
그가 궁핍한 자의 오른쪽에 서사
그의 영혼을 심판하려 하는 자들에게서
구원하실 것임이로다

시편 109편 30-31절

너희가 젖을 빠는 것같이
그 위로하는 품에서 만족하겠고
젖을 넉넉히 빤 것같이 그 영광의
풍성함으로 말미암아 즐거워하리라

이사야 66장 11절

내 영혼을 옥에서 이끌어 내사
주의 이름을 감사하게 하소서
주께서 나에게 갚아 주시리니
의인들이 나를 두르리이다

시편 142편 7절

내게 주신 모든 은혜를
내가 여호와께 무엇으로 보답할까
내가 구원의 잔을 들고
여호와의 이름을 부르며
여호와의 모든 백성 앞에서
나는 나의 서원을 여호와께 갚으리로다

시편 116편 12-14절

여호와가 너를 항상 인도하여
메마른 곳에서도
네 영혼을 만족하게 하며
네 뼈를 견고하게 하리니
너는 물 댄 동산 같겠고
물이 끊어지지 아니하는 샘 같을 것이라

이사야 58장 11절

내가 궁핍하므로 말하는 것이 아니니라
어떠한 형편에든지
나는 자족하기를 배웠노니
나는 비천에 처할 줄도 알고
풍부에 처할 줄도 알아
모든 일 곧 배부름과 배고픔과
풍부와 궁핍에도 처할 줄 아는
일체의 비결을 배웠노라
내게 능력 주시는 자 안에서
내가 모든 것을 할 수 있느니라

빌립보서 4장 11-13절

내가 알거니와 여호와는
고난 당하는 자를 변호해 주시며
궁핍한 자에게 정의를 베푸시리이다
진실로 의인들이 주의 이름에 감사하며
정직한 자들이 주의 앞에서 살리이다

시편 140편 12-13절

나에게 이르시기를
내 은혜가 네게 족하도다
이는 내 능력이 약한 데서
온전하여짐이라 하신지라
그러므로 도리어 크게 기뻐함으로
나의 여러 약한 것들에 대하여
자랑하리니 이는 그리스도의 능력이
내게 머물게 하려 함이라

고린도후서 12장 9절

여호와여 내가 만민 중에서
주께 감사하고 뭇 나라 중에서
주를 찬양하오리니
주의 인자하심이 하늘보다 높으시며
주의 진실은 궁창에까지 이르나이다
하나님이여 주는 하늘 위에
높이 들리시며 주의 영광이 온 땅에서
높임 받으시기를 원하나이다

시편 108편 3-5절

나 여호와가
시온의 모든 황폐한 곳들을 위로하여
그 사막을 에덴 같게,
그 광야를 여호와의 동산 같게 하였나니
그 가운데에 기쁨함과 즐거워함과
감사함과 창화하는 소리가 있으리라

이사야 51장 3절

내 형제들아 너희가 여러 가지 시험을
당하거든 온전히 기쁘게 여기라

야고보서 1장 2절

오히려 너희가 그리스도의 고난에
참여하는 것으로 즐거워하라
이는 그의 영광을 나타내실 때에
너희로 즐거워하고 기뻐하게 하려 함이라

베드로전서 4장 13절

네가 그들을 까부른즉
바람이 그들을 날리겠고
회오리바람이 그들을
흩어 버릴 것이로되
너는 여호와로 말미암아 즐거워하겠고
이스라엘의 거룩한 이로 말미암아
자랑하리라

이사야 41장 16절

이 백성은 내가 나를 위하여 지었나니
나를 찬송하게 하려 함이니라

이사야 43장 21절

항상 기뻐하라
쉬지 말고 기도하라
범사에 감사하라
이것이 그리스도 예수 안에서
너희를 향하신 하나님의 뜻이니라

데살로니가전서 5장 16-18절

너희가 갇힌 자를 동정하고
너희 소유를 빼앗기는 것도
기쁘게 당한 것은
더 낫고 영구한 소유가 있는 줄 앎이라

히브리서 10장 34절

내가 주의 의로운 판단을 배울 때에는
정직한 마음으로 주께 감사하리이다

시편 119편 7절

시온의 자녀들아
너희는 너희 하나님 여호와로 말미암아
기뻐하며 즐거워할지어다
그가 너희를 위하여 비를 내리시되
이른 비를 너희에게 적당하게 주시리니
이른 비와 늦은 비가 예전과 같을 것이라

요엘 2장 23절

또한 그로 말미암아
우리가 믿음으로 서 있는
이 은혜에 들어감을 얻었으며
하나님의 영광을 바라고 즐거워하느니라
다만 이뿐 아니라 우리가 환난 중에도
즐거워하나니 이는 환난은 인내를,
인내는 연단을, 연단은 소망을
이루는 줄 앎이로다

로마서 5장 2-4절

하나님이여 우리가 주께 감사하고
감사함은 주의 이름이 가까움이라
사람들이 주의 기이한 일들을
전파하나이다

시편 75편 1절

주여 내가 만민 중에서
주께 감사하오며
뭇 나라 중에서 주를 찬송하리이다
무릇 주의 인자는 커서 하늘에 미치고
주의 진리는 궁창에 이르나이다
하나님이여 주는 하늘 위에 높이
들리시며 주의 영광이 온 세계 위에
높아지기를 원하나이다

시편 57편 9-11절

너희 염려를 다 주께 맡기라
이는 그가 너희를 돌보심이라

베드로전서 5장 7-8절

그러므로 우리는 긍휼하심을 받고
때를 따라 돕는 은혜를 얻기 위하여
은혜의 보좌 앞에
담대히 나아갈 것이니라

히브리서 4장 16절

지혜로 하늘을 지으신 이에게 감사하라
그 인자하심이 영원함이로다
땅을 물 위에 펴신 이에게 감사하라
그 인자하심이 영원함이로다
큰 빛들을 지으신 이에게 감사하라
그 인자하심이 영원함이로다

시편 136편 5-7절

해로 낮을 주관하게 하신 이에게
감사하라 그 인자하심이 영원함이로다
달과 별들로 밤을 주관하게 하신 이에게
감사하라 그 인자하심이 영원함이로다

시편 136편 8-9절

너를 낮추시며 너를 주리게 하시며
또 너도 알지 못하며
네 조상들도 알지 못하던 만나를
네게 먹이신 것은
사람이 떡으로만 사는 것이 아니요
여호와의 입에서 나오는 모든 말씀으로
사는 줄을 네가 알게 하려 하심이니라
이 사십 년 동안에 네 의복이
해어지지 아니하였고
네 발이 부르트지 아니하였느니라

신명기 8장 3-4절

그러나 내가 나 된 것은
하나님의 은혜로 된 것이니
내게 주신 그의 은혜가
헛되지 아니하여
내가 모든 사도보다 더 많이
수고하였으나 내가 한 것이 아니요
오직 나와 함께하신 하나님의 은혜로라

고린도전서 15장 10절

여호와여 주께서 행하신 일로
나를 기쁘게 하셨으니
주의 손이 행하신 일로
말미암아 내가 높이 외치리이다
여호와여 주께서 행하신 일이
어찌 그리 크신지요
주의 생각이 매우 깊으시니이다

시편 92편 4-5절

여호와는 나의 힘이요 노래시며
나의 구원이시로다
그는 나의 하나님이시니
내가 그를 찬송할 것이요
내 아버지의 하나님이시니
내가 그를 높이리로다
여호와는 용사시니
여호와는 그의 이름이시로다

출애굽기 15장 2-3절

감사의 말씀을 만나다

초판 1쇄 발행 2014년 3월 10일

펴낸이 고영은 박미숙
펴낸곳 뜨인돌출판(주) | 출판등록 1994.10.11(제2011-000185호)
주소 121-896 서울시 마포구 성미산로 6길 45 | 대표전화 02-337-5252 | 팩스 02-337-5868
ISBN 978-89-5807-509-7 00230 | CIP제어번호 : CIP2014005910